Tecnología militar

ANIMALES
MILITARES

JULIA GARSTECKI

**BLACK
RABBIT
BOOKS**

![BOLT]

Bolt es una publicación de Black Rabbit Books
P.O. Box 3263, Mankato, Minnesota, 56002.
www.blackrabbitbooks.com
Copyright © 2018 Black Rabbit Books

Marysa Storm, editora; Michael Sellner, diseñador;
Omay Ayres, investigador fotográfico
Traducción de Victory Productions, www.victoryprd.com

Información del catálogo de publicaciones de la biblioteca del congreso
Names: Garstecki, Julia, author.
Title: Animales militares / por Julia Garstecki.
Other titles: Military animals. Spanish
Description: Mankato, Minnesota : Black Rabbit Books, [2018] | Series: Bolt.
 Tecnologâia militar | Includes bibliographical references and index. |
 Audience: Grades 4-6. | Audience: Ages 9-12.
Identifiers: LCCN 2017006375 | ISBN 9781680725803 (library binding)
Subjects: LCSH: Animals--War use--Juvenile literature.
Classification: LCC UH87 .G3718 2018 | DDC 355.4/24--dc23
LC record available at https://lccn.loc.gov/2017006375

Impreso en los Estados Unidos de América

Créditos de imágenes

Alamy: 615 collection, 4–5; Eric Nathan,
12, 13 (inferior); Stocktrek Images, 6; VICTOR
HABBICK VISIONS /Science Photo Library, 21 (inferior);
Z2A1, 29; AP Images: Oliver Ehmig/Solent News / Rex F,
9 (inferior); Dreamstime: Pzaxe, 3, 25; Getty Images: AFP,
10–11; Barcoft Media, 16–17, 18; CARL DE SOUZA / Stringer,
13 (superior); Stacy Pearsall, Portada; http:// www.af.mil/: US
Airforce, 9 (superior); https://www.army. mil/photos: The U.S.
Army, 10; http://navy.mil: 1st Class Brien Aho, 1; news.berkeley.
edu/2015/03/16/beetle-back- pack-steering-muscle: University of
California, Berkeley, 22–23; Shutterstock: Fer Gregory, 15; Josh
McCann, 26–27; MURGIV, 32; paula french, 14; Rosa Jay, 31;
Tony Campbell, 21 (superior)
Se ha hecho todo esfuerzo posible para establecer contacto
con los titulares de los derechos de autor del material
reproducido en este libro. Cualquier omisión será
rectificada en impresiones posteriores previo
aviso a la editorial.

CONTENIDO

CAPÍTULO 1

Animales en
ACCIÓN

Un soldado estadounidense envía a Layka, una perra militar, a explorar un edificio. La perra olfatea en busca de bombas y enemigos. De repente, un enemigo ataca. Le dispara a Layka cuatro veces. Pero eso no la detiene. Layka salta sobre el atacante. Ella lo sujeta y le impide disparar contra los soldados que están cerca.

Layka es solo uno de muchos animales que han ayudado a los soldados. Los ejércitos de todo el mundo usan perros y otros animales.

Animales que ayudan a soldados

Los animales del ejército realizan muchos trabajos. Algunos buscan bombas. Otros protegen lugares. Grandes o pequeños, los animales ayudan a los soldados a hacer su trabajo.

Layka sobrevivió al ataque. Se necesitaron varias horas de cirugía para salvarla. Tuvieron que cortarle una de las patas.

CAPÍTULO 2

ANIMALES
terrestres y marinos

Los perros son excelentes animales militares. Son inteligentes y **leales**. Los perros también tienen un fuerte sentido del olfato. Pueden ser entrenados para encontrar bombas. Su ladrido puede poner sobre aviso a las personas. Los entrenadores enseñan a muchos perros como Layka a atacar. Los perros protegen a los soldados. También los alegran en situaciones difíciles.

Algunos perros saltan de los aviones con los soldados.

PERROS DEL EJÉRCITO DE ESTADOS UNIDOS

en números

10 a 12 AÑOS

TIEMPO DE SERVICIO DE LOS PERROS

CERCA DEL 50 POR CIENTO

CANTIDAD DE PERROS QUE COMPLETAN SU ENTRENAMIENTO

$20,000 A $40,000
COSTO DE ENTRENAMIENTO DE UN PERRO

98
POR CIENTO

FRECUENCIA EN QUE
LA DETECCIÓN DE LOS
PERROS ES ACERTADA

Ratas detectoras de bombas

Las ratas también pueden ser entrenadas para encontrar bombas. Como los perros, las ratas tienen un buen sentido del olfato. Como son pequeñas, las ratas pueden olfatear bombas en espacios pequeños. Pueden entrar en lugares donde no caben los perros.

El ejército de los Estados Unidos ha entrenado ratas. También se entrenan y usan ratas en países africanos y asiáticos. En lugares como Camboya, las ratas gigantes africanas buscan **minas**.

Rata GIGANTE africana

PESA
entre 2 y 3 libras
(.9 a 1.4 kilogramos)

VIVE HASTA 8 AÑOS

SU ENTRENAMIENTO CUESTA UNOS $6,500

Cantidad de genes usados para oler

elefante
2,000

rata
1,200

perro
1,000

humano
400

Elefantes excelentes

Los perros y las ratas tienen un olfato excelente. Pero el olfato de los elefantes es aún mejor. Los elefantes pueden oler el agua a millas de distancia.

El ejército de los Estados Unidos está estudiando los elefantes. Los están entrenando para que avisen si detectan el olor de **TNT**. Cuando un elefante huele TNT, levanta su pata delantera.

Los elefantes no serán llevados a las zonas de guerra. En su lugar, se les traerían muestras de tierra.

Animales bajo el agua

Los soldados también usan animales submarinos. En la Marina de los Estados Unidos y de Rusia entrenan delfines y leones marinos.

Los delfines son nadadores rápidos. También son inteligentes. Los delfines están entrenados para encontrar minas submarinas. Estos animales usan la **ecolocación** para hallarlas. Cuando los delfines hallan bombas, nadan hasta la superficie hacia los soldados. Ellos les dan marcadores flotantes a los animales. Luego, los delfines marcan las posiciones de las bombas.

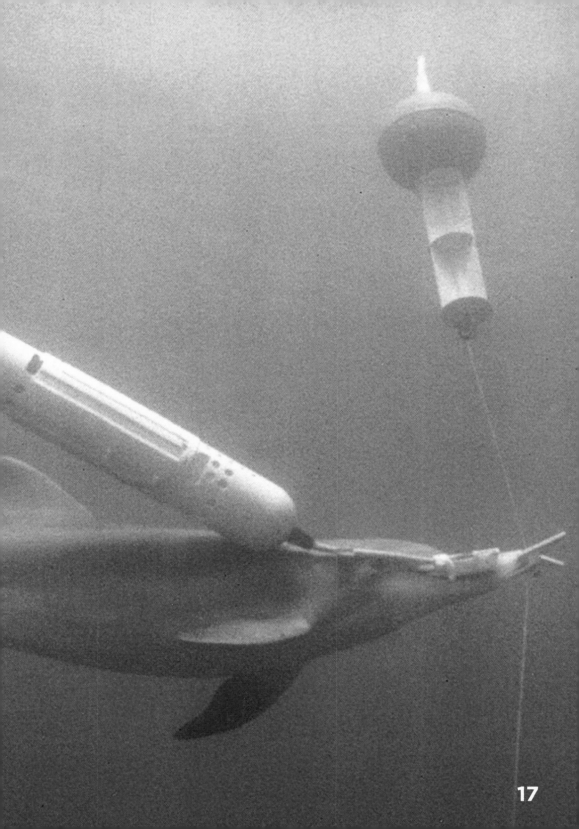

17

Velocidades máximas de natación

delfín
león marino
humano

millas 0

Los astutos leones marinos

Los leones marinos pueden ver muy bien bajo el agua. Ellos hacen guardia en las aguas cercanas a las bases militares. Vigilan que no haya personas extrañas. Incluso, algunos están entrenados para atrapar personas. Estos leones marinos nadan con abrazaderas. Ellos sujetan rápidamente las piernas de los buzos con las abrazaderas. Luego, los soldados sacan a los buzos.

20 millas (32 kilómetros) por hora

13.4 millas (22 Km) por hora

4.5 millas (7 Km) por hora

5   10   15   20

CAPÍTULO 3

ANIMALES
en el cielo

Los animales que vuelan también pueden tener trabajos militares. Los científicos están trabajando con las abejas. Las abejas tienen un buen sentido del olfato. Las personas pueden entrenar a las abejas para que esperen comida cuando huelan TNT. Este entrenamiento enseña a las abejas a ir adonde huelen TNT.

Llevar abejas a las zonas de guerra sería algo posible. Los soldados observarían dónde se forma un enjambre para saber dónde podría haber una bomba.

Las personas pueden fijar diminutos chips de computadora en los escarabajos. Las computadoras envían luego mensajes a los chips. Los mensajes indican al insecto hacia dónde debe volar. Algún día, estos insectos podrían llevar pequeñas cámaras y ser usados como espías.

ESCARABAJOS CIBERNÉTICOS

Los escarabajos funcionan bien como insectos **cibernéticos**. Son más fuertes que las moscas o las polillas. Pueden llevar más peso.

RECEPTOR

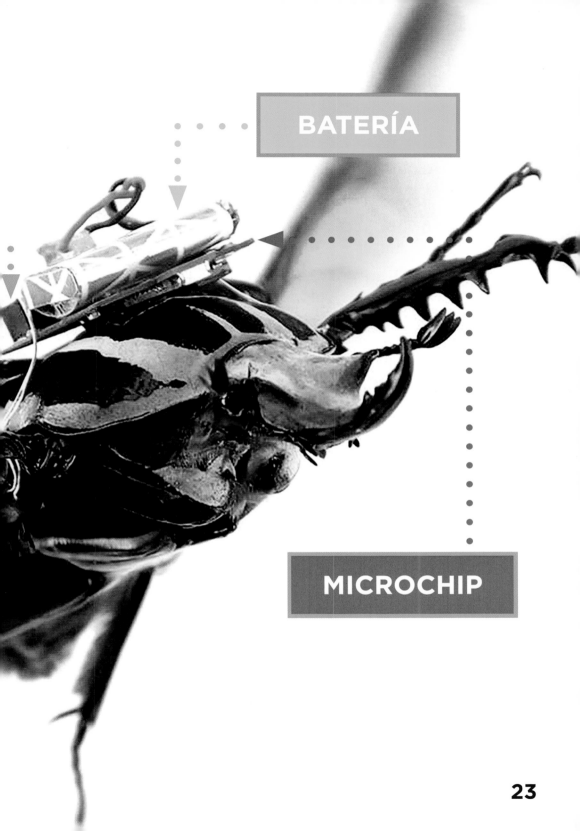

BATERÍA

MICROCHIP

CAPÍTULO 4

Animales en el FUTURO

Los científicos están estudiando nuevas y mejores maneras de usar a los animales. Los chips de computadora pegados a los insectos no siempre son **confiables**. Están investigando cómo poner chips dentro de insectos jóvenes. A medida que los insectos crecen, los chips se volverán parte de ellos. Su cuerpo activará los chips. Las personas podrían entonces controlar a los insectos.

Reemplazados por robots

Los animales robot también serán usados en el futuro. Los **drones** del futuro serán rápidos y pequeños, como los insectos. También podrían parecerse a ellos.

Otras máquinas copiarán lo que hacen los animales. Algunas podrían tener un olfato como el de los elefantes. Otras podrían transportar equipos a través de colinas rocosas. Avanzarían como mulas.

Animales asombrosos

Los ejércitos de todo el mundo usan animales. Al igual que los soldados, los animales tienen muchos trabajos. Algunos hacen trabajos de campo. Otros **inspiran** a la tecnología. Ellos ayudan a mantener protegidas a las personas.

GLOSARIO

cibernético — persona o animal cuyo cuerpo contiene dispositivos mecánicos o eléctricos

confiable — que se puede esperar con seguridad que haga o proporcione lo que sea necesario

detección — descubrimiento de algo

dron — aeronave o embarcación sin tripulación y guiada a control remoto o por computadora

ecolocación — proceso de hacer rebotar ondas sonoras contra algo para saber dónde está

gen — parte de una célula que controla o afecta un rasgo o actividad del cuerpo

inspirar — darle una idea a alguien sobre qué hacer o fabricar

leal — que apoya completamente a alguien o algo

mina — bomba que se coloca en el suelo o en el agua, y que explota cuando se toca

TNT — un explosivo muy potente

ÍNDICE